COMPTINES DE MON JARDIN

Du même auteur

Comptines insolites
Comptines pour les fêtes et les saisons
Comptines des bêtes à malice
ACTES SUD JUNIOR

Du même illustrateur

À l'abri des châteaux forts
Paille de lune
Le Livre des fêtes
Le Prince qui se fit mendiant
Les Visiteurs du ciel
GALLIMARD

Le Bonhomme de pain d'épice
Les Lutins et le Cordonnier
NATHAN

ISBN 2-7427-1911-3

Loi 49-956 du 16 juillet 1949
sur les publications destinées à la jeunesse

Les Petits Bonheurs

MONIQUE HION

COMPTINES DE MON JARDIN

Illustrées par
DOMINIQUE THIBAULT

ACTES SUD JUNIOR

Pour mes petits élèves

Un jardin bien ordonné

Dans le jardin
De Jean-Damien,
Il y a des mûres,
Il y a des coings,
Des rangées de lis orangés
Et des carrés de chicorée.

Dans le jardin
De Jean-Damien,
Il y a des murs,
Il y a des coins,
Un beau portillon vermillon
Et trois petits nains au nez rond.

Carentan

Né dans un chou

Mon grand-père naquit
Dans un chou de Milan,
À Carentan.
Le comble,
C'est qu'on l'appela Vincent.

Trois crapauds

Trois crapauds à croupetons
Sur le dos d'un potiron,
Crapahutent et chahutent
Et les voilà qui culbutent
Sur un concombre
Qui éclate comme une bombe,
Les éjecte et les projette
Sur le dos du potiron
Où ils retombent à croupetons.

La pièce montée

Sur un escabeau
Couvert d'escargots,
Que faites-vous, ainsi perché,
Dites-moi, beau pâtissier ?

Une
pièce
montée
en choux
pommés
pour le mariage
du jardinier.

Pauvres légumes !

Dans le jardin de l'oncle Jacques,
Tous les légumes sont patraques :

Les salades
Sont malades

Les poireaux
Tout pourris

Et les cocos
Tout riquiqui.

Pas étonnant car l'oncle Jacques
Passe son temps dans son hamac.

L'ogre aux petits pois

Je suis un ogre.

Je suis un ogre énorme !

Je suis un ogre énorme
Qui dévore tout.

Je suis un ogre énorme
Qui dévore tous les petits…

Je suis un ogre énorme
Qui dévore tous les petits pois.

Je suis un ogre énorme
Qui dévore tous les petits poireaux.

Petits lutins, ne craignez rien !
Je suis un ogre végétarien.

Dans le jardin du père Mirot

Dans le jardin
Ce matin

La laitue
Est pied nu

Les carottes
Sont en bottes

Et le père Mirot,
Lui,
Est en sabots.

Bête comme chou

Un chou rouge
Et un chou blanc,
C'est bête comme chou,
Évidemment !

Un chou rouge
Et un chou blanc,
C'est benêt rouge
Et benêt blanc.

Vie de limaçon

Vous savez, tous les va-nu-pieds
N'ont pas la vie que vous croyez.

Prenons le limaçon :
Savez-vous qu'il dîne
Dans les meilleures aubergines ?
Et qu'il dort, à la nuit tombée,
Dans de grands lis bien parfumés ?

Qui pourrait ne pas l'envier ?

Les bettes

J'adore les bettes !
J'ai des bettes plein mon jardin
– De petites bettes vertes –
Et pour qu'elles montent, montent bien,
Je les arrose chaque matin.

La barbe fleurie

Charlemagne, à ce qu'on dit,
Avait une barbe fleurie.
Peut-être était-il gêné
Quand les abeilles y butinaient ?

L'arrosoir

Il pleure
Au pied des valérianes

Il pleure
Mais n'a pas de chagrin

Il pleure
Ce soir, à chaudes larmes,
Le bel arrosoir, au jardin.

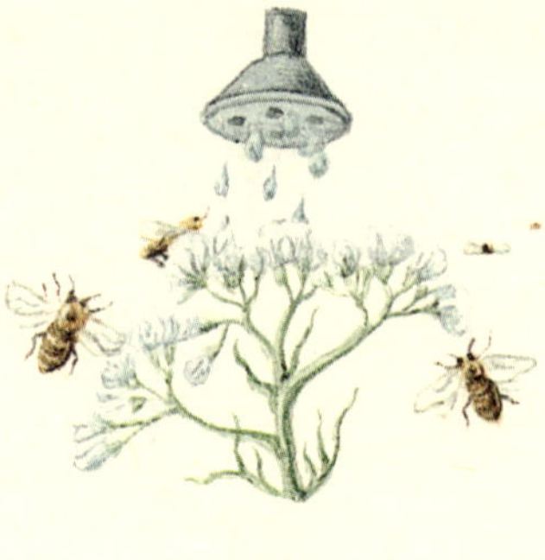

L'épopée du limaçon

Un limaçon,
Un jour, lassé
De son horizon
Limité
À trois cailloux
Sous les rosiers,
Décida de quitter la terre.

Il visita la passe-rose,
Le laurier-tin, le laurier-rose,
Puis il s'en fut rouler sa bosse
Dans le cosmos.

Le jardinier indécis

Il en connut des cuisinières,
Des chambrières,
Des lavandières…

Il préféra ses jardinières
Et il resta célibataire.

C'est le bouquet !

Quand j'ai dit au jardinier
Qu'il devait, dans la journée,
Tailler les lilas fanés,
Arroser tous les rosiers,
Rempoter les azalées,
Repiquer les giroflées,
Biner, sarcler, ratisser…

Il m'a rendu son tablier,
Alors là, c'est le bouquet !

La pelouse interdite

Sur la pelouse du grand palais,
Il est interdit de marcher.

Moi, qui suis très discipliné,
J'y ai sauté,
Sauté, sauté comme un criquet.
J'y ai trotté,
Trotté, trotté, comme un poney.
J'y ai roulé,
Roulé, roulé comme un boulet.

Pourquoi le garde s'est-il fâché ?

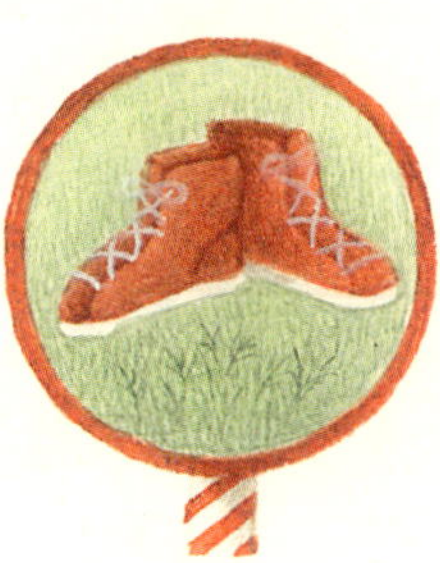

Midi au jardin

Il est midi.
Les ombres accroupies
Se reposent.

Sous les trente degrés
D'un soleil éclaté,
Seul un papillon danse
Au cœur du silence.

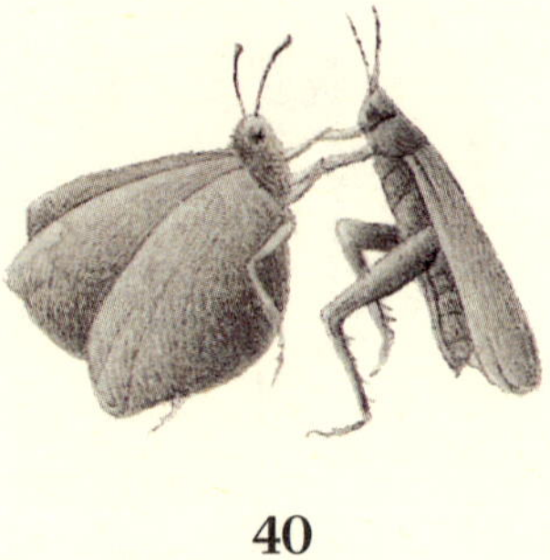

Femmes-fruits

Ne rêvez pas,
Ma belle Olive !

Et vous,
Jeune Clémentine !...

Le roi, au jardin, dès l'aube,
N'a d'yeux que pour la reine Claude.

Lune-orange

Lorsque la lune est mûre,
Les belles nuits qui passent
La mangent,
Tranche par tranche,
Comme une orange.

Le panier du jardinier

J'ai, dans mon panier,
Onze roses-thé,
Douze pommes douces,
Treize fraises rouges.

Et la caresse du soleil
Sur leur parfum qui se réveille.

Que des yuccas !

Dans mon jardin, il n'y a,
Il n'y a que des yuccas,
Des yuccas et des cailloux
Et voilà,
Un point c'est tout !

Mystérieuses araignées

Dans le jardin, après l'été,
Comment font-elles, les araignées,
Comment font-elles pour tisser
De si beaux filets argentés ?

Dans le jardin, plein de secrets,
Comment font-elles, les araignées,
Comment font-elles pour enfiler
Toutes ces perles de rosée ?

Un bon conseil

Si ton jardin est grand
Comme un mouchoir de poche,

Plantes-y, ma sœur,
Un saule pleureur !

Les thuyas de Maïa

Quand Maïa tailla ses thuyas,
Mélina dit : Bravo, Maïa !
Tu as taillé tes thuyas,
Ça va sauver mes lilas.

Un cadeau-surprise

Je suis le petit jardinier.
Ma boîte aux lettres est dans la haie.

Hier matin, jour de ma fête,
J'ai ouvert ma boîte aux lettres.

J'y ai trouvé, tout au fond,
Un gros coli... colimaçon !

Sur mon sapin

Sur mon sapin, il y a un lapin.
Sur le lapin, il y a un lupin.
Sur le lupin, il y a un lutin.
Sur le lutin, il n'y a plus rien.

Cela ne tient pas debout
Mais ça faire rire les petits choux.

Cache-cache images

Clin d'œil de l'illustrateur,
Des détails des dessins
sont allés se cacher
Quels coquins !
Au fil des pages,
Dans l'une ou l'autre des images.
Si tu es observateur,
Amuse-toi à les retrouver.

Table des comptines

Conception graphique,
direction artistique et réalisation :
Studio de création
de Repères Communication

Reproduit et achevé d'imprimer
en février 2000
par l'imprimerie Clerc
à Saint-Amand-Montrond
sur papier des
Papeteries Jeand'heurs
pour le compte des éditions
ACTES SUD
Le Méjan
Place Nina-Berberova
13200 Arles

Dépôt légal
1re édition : septembre 1998
N° imprimeur : 7228
(Imprimé en France)